태풍은 무서운 자연재해지만,
한편으론 지구에 도움을 주기도 한단다.
태풍은 어디에서 생겨나
어떻게 우리나라까지 오는 걸까?
그 비밀을 파헤쳐 보자!

나의 첫 지리책 8

# 태풍은 누가 운전할까?

◯ 무서운 자연재해

최재희 글 | 김진희 그림

엄마와 통화를 하니 기분이 나아졌어요.
참, 아빠! 태풍이 오는 걸 몰랐나요?
뉴스에서 매일 날씨를 알려 주지 않나요?

며칠 전부터 태풍이 가까이 온다는 예보는 있었지만,
우리나라를 비껴갈 가능성이 높다고 했단다.
하지만 태풍이 갑자기 방향을 바꿔서
우리나라로 향했다고 하더구나.
그래서 오늘 공항에서도 비행기가 뜨지 못했고 말이야.

아빠, 태풍이 방향을 바꿨다는 게
이해되지 않아요.
태풍이 자동차처럼 왼쪽, 오른쪽 스스로
운전할 수 있다는 뜻인가요?

하하, 아빠가 너무 어렵게 이야기했지?
결론부터 말하자면 네 말도 틀리지 않았단다.
태풍은 요리조리 방향을 바꾸며 이동하거든.

이번 기회에 태풍에 관해
잘 알아 두면 좋겠구나.
내일 새벽에 다가올 태풍을
조금 더 자세히 알아볼까?

자, 우선 아빠의 노트북으로
특별한 지도를 보여 줄게.
지도 위로 이리저리 움직이는
무수히 많은 흐름이 보이니?

앗! 지렁이처럼 움직이는 게 뭐예요?
정말 신기해요!

하늘에서 부는 바람을 나타낸 거야.
바람은 눈에 보이지 않지만,
이번 제주도 여행에서 온몸으로 느꼈지?
바람이 부는 까닭은 공기가 어떤 곳은 많고,
또 어떤 곳은 적어서 그렇단다.

화면에서 지렁이처럼 보이는 선들을 가만히 보렴.
어느 한 곳에서 다른 곳으로 가고 있지?
출발하는 곳은 공기가 많은 곳,
도착하는 곳은 공기가 적은 곳!
이해하기 쉽지?

그러네요. 자세히 보면
아무렇게나 움직이는 게 아니라,
모든 지렁이가 각자의 목적지를 향해
열심히 움직이고 있다는
느낌이 들어요.

정말 재미있는 말인걸?
그렇다면 이곳을 한번 볼까?
어떠니? 마치 엄청난 먹이가 있는 것처럼
무수히 많은 지렁이가 한 곳으로 모여들고 있지?
그것도 아주 빠르게 말이야.
이게 바로 내일 새벽에 만날 **태풍**이란다!

우아, 우아! 이게 태풍이라고요?
만화 영화에서 봤던 토네이도하고
모양이 비슷해 보여요.

네 말대로 태풍과 토네이도는
가까운 형제 같은 사이란다.

차이점은 바다에서 생겨나는 태풍과 달리
토네이도는 육지에서 일어난단다.
지난번에 읽었던 동화책 《오즈의 마법사》 기억하지?
주인공 도로시를 하늘 위로 올렸던
강력한 회오리가 바로 토네이도야.

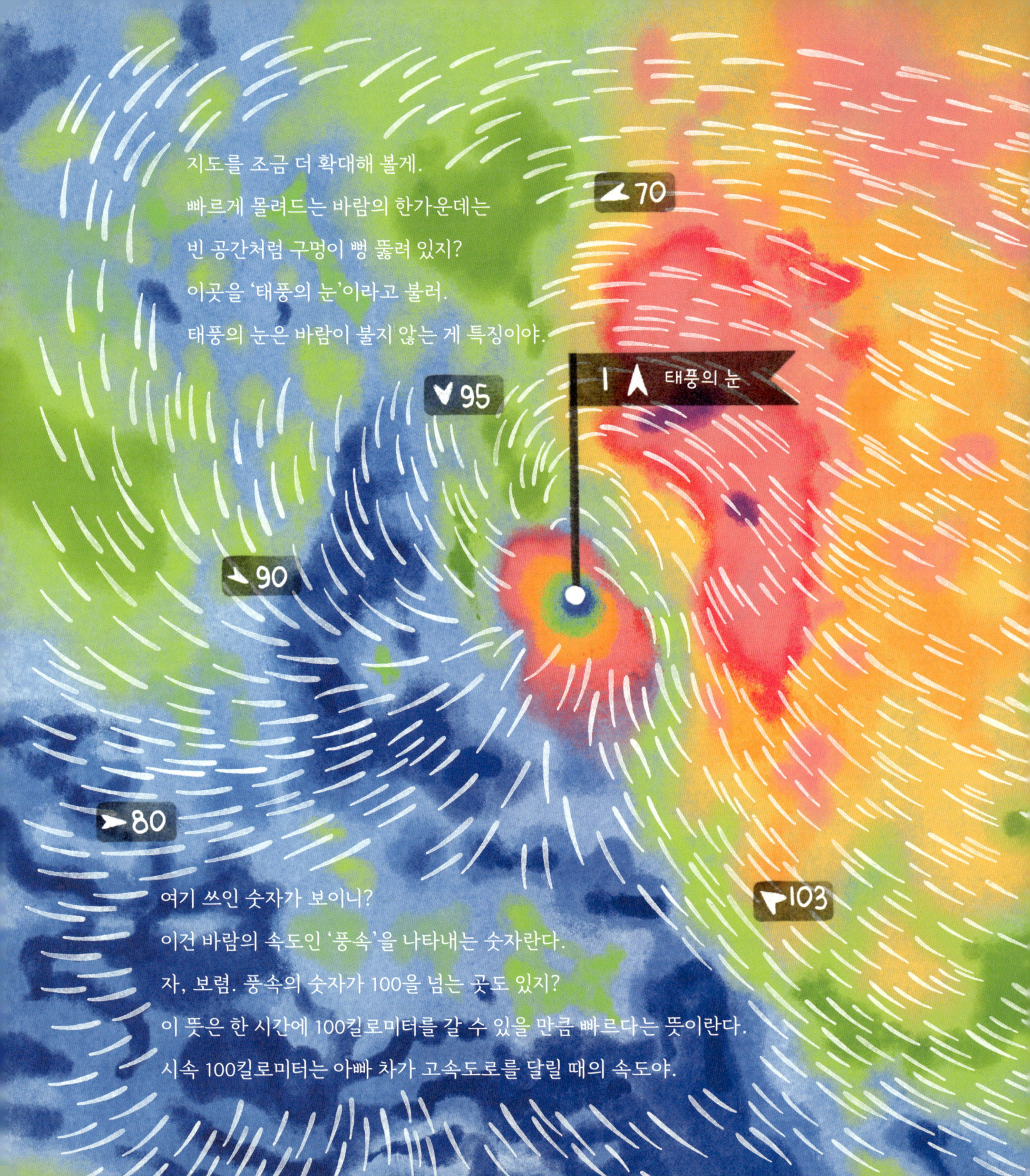

강력한 바람을 몰고 오는 태풍은
아까 말한 대로 이동 방향을 바꾸기도 하지.
태풍을 진공청소기로 생각해 볼까?
진공청소기는 바닥의 먼지와 쓰레기를 빨아들이지?
강력한 힘으로 말이야. 태풍도 비슷해.
태풍은 덥고 습한 바다의 에너지를 빨아들인단다.

적도

태풍은 수증기가 풍부한 적도 부근의 따뜻한 바다에서 태어나,
극지방을 향해 이동하는 특징이 있어.
태풍이 극지방을 향해 갈 때는
로봇 청소기가 쓰레기를 찾아가는 것처럼
최대한 많은 수증기를 찾아 이동한단다.
그러던 중에 어쩔 수 없이 수증기를 얻을 수 없는
육지와 부딪치면서 결국 힘이 약해져 사라지게 되지.

아빠, 바람의 흐름 지도를 보니
태풍이 정말 크고 강력해 보여요.
실제로 어느 정도로 강한 거예요?
혹시 도로시처럼 우리도 하늘로 올라가는 건 아니죠?

하하, 너무 걱정하지 않아도 돼.
태풍이 몰고 오는 바람이 강력하긴 하지만,
건물을 뽑아서 하늘로 올릴 정도는 아니란다.
다만, 순간적으로 아주 강한 바람이 불면
길가의 커다란 가로수가 뽑히거나
간판이 떨어져 날아갈 수도 있단다.
그래서 태풍이 올 때는 밖으로 나가지 말고,
되도록 집에 머무는 게 안전하겠지?

지금이 밤 10시인데,
이제 막 제주도가 태풍의 영향권에 접어들었단다.
여기 노트북의 바람 지도를 보렴.
거대한 소용돌이가 우리가 있는 제주도를
빈틈없이 에워싸고 있지?

그래, 인터넷으로 여러 장소의 실시간 거리 영상도 살펴볼까?
어떠니? 화면이 심하게 흔들리고
빗물이 가로등 사이로 마구마구 쏟아지고 있지?
앗, 여기는 가로수가 쓰러져 있구나.

아빠, 우리 집에서 느꼈던 태풍과는
전혀 다르네요.
그때는 태풍이 와도 무섭지 않았거든요.

그래, 맞아.
이제 막 바다에서 강한 비바람을 몰고 왔으니
제주도에서 느끼는 태풍의 강력함은
수도권과는 다를 수밖에 없단다.
제주도는 우리나라를 향해 올라오는 태풍 대부분이
거쳐 갈 수밖에 없는 곳이란다.

아빠, 그렇다면 태풍이 지구에서 사라지면 좋겠어요.
그러면 위험에 빠지는 사람도 없을 거고
나무가 쓰러질 일도 없을 테니까요.

그래. 네가 왜 그렇게 말하는지 알아.
하지만 지구에게는 태풍이 아주 고마운 존재란다.

네? 태풍이 고마운 존재라고요?

생각해 보렴.
만약 뜨거운 적도의 에너지와 수증기가
계속 그 자리에만 머문다면 어떻게 될까?
아마도 지구는 몸의 한 부분만
계속 뜨거워지니 끙끙 앓고 말 거야.

자연은 '균형'을 중요하게 생각한단다.
어느 한 곳이 지나치게 더하거나 모자라지 않도록
골고루 나누는 것을 좋아한다는 뜻이야.
태풍이 생겨나는 이유도 적도의 에너지를
지구 전체에 골고루 나누기 위한 것이지.
그래서 지구의 입장에서
태풍은 참으로 고마운 존재란다.

하지만 우리 인간을 중심으로 생각한다면,
태풍은 마주치고 싶지 않은 자연재해지.
집을 짓고 나무를 심고 농사를 짓는 인간에겐
그 모든 것을 송두리째 빼앗아 갈 수 있는
태풍이 두려울 수밖에 없으니까.

아빠 말씀을 듣고 보니
무시무시한 태풍도 좋은 점이 있네요.

그렇지. 그리고 사실 우리나라는
자연재해가 덜 일어나는 편이란다.

이웃 나라 일본을 보렴.
일본은 감당해야 할 자연재해의 종류가 많거든.
일본 대륙의 땅속에는 부글부글 끓는
마그마가 많아서 화산 폭발이 일어날 수 있고,
거대한 땅덩어리의 뒤틀림이 심해
지진도 자주 발생한단다.

땅이 뒤틀려 지진이 발생하면
그로 인해 거대한 파도가 일어나고,
막대한 양의 바닷물이 해안으로 밀려들어 오지.
그게 바로 지난번에 동영상으로 봤던 '쓰나미'란다.

이게 다가 아니야.
이번 태풍은 방향을 틀어 우리나라로 향했지만,
얼마든지 일본으로 갈 수도 있었거든.
일본은 지진과 태풍으로 인한
산사태도 매우 자주 일어난단다.

아, 화산이 폭발하거나 땅이 흔들린다니,
너무 무서울 것 같아요.

그렇단다. 자연재해는 완벽히 예측하기가 어렵고,
또 한 번 발생하면 우리에게 주는 피해가 너무 커서
되도록 일어나지 않는 게 좋지.
게다가 나라마다 자연재해를 대비하고
극복하는 힘도 차이가 난단다.

일본은 오늘날 세계적으로 잘사는 나라가 되어서
지진에 대비할 수 있는 기술을 잘 갖추었지만,
일본보다 형편이 어려운 나라들은 그렇지 못했단다.
그러니 같은 크기의 지진이 발생해도,
나라마다 피해 정도가 다를 수밖에 없지.

그렇다면 우리나라도 자연재해를
철저히 대비하는 실력을 키워야겠네요!

옳거니! 자연재해는 우리가 노력한다고 해서
피할 수 있는 게 아니니
최선의 노력으로 대비하는 게 중요하단다.
내일 아침이면 태풍이 남해안에 가 있겠구나.
남해안에 사는 많은 사람들도 다가올 태풍을
대비하기 위해 최선을 다하고 있을 거야.

네. 그럴 것 같아요!
저도 무사히 태풍이 지나가길 기도할래요.

그래, 피곤하지만 아빠와 계속 상황을 보자꾸나.
자연재해, 피할 수 없다면 철저히 대비하자!

나의 첫 지리 여행

# 날씨와 안전 체험 여행

### 국립 기상 박물관

국립 기상 박물관은 우리나라 기상 관측의 역사를
한눈에 살펴볼 수 있는 곳입니다.
조선 시대에 내린 비의 양을 재기 위해 발명한 측우기부터
오늘날 인공위성과 슈퍼컴퓨터를 이용한 첨단 기술까지
기상 관측에 관한 다양한 전시를 만나 보세요.
우리의 생활과 떼려야 뗄 수 없는 기상 과학에
새로운 흥미를 느낄 수 있을 거예요.

국립 기상 박물관 ▼ https://science.kma.go.kr/museum/

### 안전 체험관

내가 사는 곳에서 가까운 안전 체험관을 방문해 보세요.
기후 변화로 인한 자연재해가 심해진 오늘날,
안전은 무엇보다 중요한 문제입니다.
안전 체험관에 가면 건물이나 지하철에서 불이 났을 때,
지진이 일어났을 때, 집중 호우로 하천의 물이 불어
홍수의 위험이 있을 때 등 다양한 재해 상황에서
어떻게 나를 안전하게 지킬 수 있는지 배웁니다.

### 국민 안전 교육 플랫폼

온라인으로도 안전 체험관을 만날 수 있어요.
가족이나 친구들과 함께 스마트 기기를 활용해
'국민 안전 교육 플랫폼'에 접속해 보세요.
연령대별로 다양한 안전 자료를 확인할 수 있습니다.
재미있는 게임으로 나의 안전 지수를 점검할 수 있고,
내게 부족한 안전 역량은 무엇인지도 살펴볼 수 있어요.

\* QR코드를 찍어 보세요.

나의 안전 지수 확인    안전한 생활 미디어북

국민 안전 교육 플랫폼 ▼   kasem.safekorea.go.kr

# 기후 변화가 불러온 슈퍼 태풍

태풍은 지역에 따라 다른 이름으로 불립니다.
특히 적도 주변의 아메리카 대륙과 가까운 태평양과 대서양 일대에서는
태풍을 '허리케인'이라고 부르지요.
허리케인 중에서 미국과 중남미의 여러 나라는 물론
전 세계인에게도 큰 충격을 줬던 건 2005년에 발생한 '카트리나'입니다.
허리케인 카트리나는 이전까지의 태풍보다 훨씬 크고 강했습니다.

**허리케인 카트리나**

많은 비와 거센 바람을 앞세운 카트리나는
미국 뉴올리언스 지방에 상륙해서 막대한 피해를 입혔습니다.
도시가 물에 잠기고, 강력한 바람으로 해일이 일고,
많은 건물이 파괴되고, 천 명이 넘는 사망자가 발생했습니다.
카트리나가 이토록 강력한 힘을 가질 수 있었던 건,
멕시코만의 뜨거운 바닷물로부터 강력한 힘을 얻었기 때문이었지요.
오늘날, 기후 변화 때문에 대기와 바닷물의 온도는 점점 높아지고 있습니다.
그로 인해 과거에는 경험하지 못했던 자연재해가 종종 일어나곤 합니다.
2020년 유엔(UN)이 조사한 바에 따르면 기후 변화가 심해지면서
1980~1999년보다 2000~2019년의 자연재해가 약 1.7배 늘었다고 합니다.

**카트리나로 인해 물에 잠긴 미국 뉴올리언스 지역**

## 글 최재희

서울 휘문고등학교 지리 교사입니다. 좋은 글을 쓰는 데 관심이 많습니다. 지은 책으로 《스포츠로 만나는 지리》, 《복잡한 세계를 읽는 지리 사고력 수업》, 《바다거북은 어디로 가야 할까?》, 《이야기 한국지리》, 《이야기 세계지리》, 《스타벅스 지리 여행》 등이 있습니다.

## 그림 김진희

홍익대학교에서 시각디자인을 공부했습니다. 《마법 식당: 나와라, 황금똥!》으로 제1회 비룡소 캐릭터 그림책상을 받았습니다. 쓰고 그린 책으로 《구름 온천》, 《추억은 그릇그릇》, 《유령 잡는 안경》, 《마녀 라나, 친구를 찾다》 등이 있고, 그린 책으로는 《떨어져라, 떨어져, 찰딱폰》, 《나와라, 봉벤져스!》, 《우리들끼리 해결하면 안 될까요》 등이 있습니다. instagram @cosmochild79

---

나의 첫 지리책 8 — 태풍은 누가 운전할까?

1판 1쇄 발행일 2025년 3월 31일

**글** 최재희 | **그림** 김진희 | **발행인** 김학원 | **편집** 이주은 | **디자인** 기하늘
**저자·독자 서비스** humanist@humanistbooks.com | **용지** 화인페이퍼 | **인쇄** 삼조인쇄 | **제본** 다인바인텍
**발행처** 휴먼어린이 | **출판등록** 제313-2006-000161호(2006년 7월 31일) | **주소** (03991) 서울시 마포구 동교로23길 76(연남동)
**전화** 02-335-4422 | **팩스** 02-334-3427 | **홈페이지** www.humanistbooks.com
**사진 출처** 경기도 국민 안전 체험관 ⓒ 경기뉴스포털 / 공공누리 제1유형

글 ⓒ 최재희, 2025   그림 ⓒ 김진희, 2025
ISBN 978-89-6591-603-1 74980
ISBN 978-89-6591-592-8 74980(세트)

- 이 책은 저작권법에 따라 보호받는 저작물이므로 무단 전재와 무단 복제를 금합니다.
- 이 책의 전부 또는 일부를 이용하려면 반드시 저작권자와 휴먼어린이 출판사의 동의를 받아야 합니다.
- **사용연령 6세 이상** 종이에 베이거나 긁히지 않도록 조심하세요. 책 모서리가 날카로우니 던지거나 떨어뜨리지 마세요.